LES CONTEMPORAINS

THÉODOROS II, NÉGUS D'ABYSSINIE (1818-1868)

APERÇU HISTORIQUE SUR L'ÉTHIOPIE
SA SITUATION EN 1846

La tradition indigène prétend que, lors de sa visite à la cour de Judée, la reine de Saba conçut du roi Salomon un fils auquel elle donna le jour à son retour en Éthiopie. Lorsque ce fils, nommé Ménilek, fut en âge, elle l'envoya auprès de son père, qui lui donna une fonction parmi ses serviteurs. Mais le jeune homme ressemblait tellement à Salomon, que le peuple s'y trompait, et ' ; roi, redoutant les grandes qualités de son fils et les effets de la popularité qui l'entourait, jugea prudent de l'éloigner. Ménilek retourna dans son pays, dont il devint le chef. Telle serait l'origine des empereurs d'Éthiopie.

Dès lors, avec un empereur pour suzerain suprême, les Éthiopiens auraient vécu sous le régime féodal. Leur histoire confirme cette donnée, mais elle mentionne aussi des séditions, des bouleversements et des interrègnes amenés par les fautes de l'aristocratie, du clergé, du peuple même, le plus souvent par l'excès des prétentions impériales. Elle raconte que les Abyssins ont tour à tour érigé des royautés, des oligarchies, et, désespérant de le trouver sur la terre, qu'ils ont cherché jusque dans le ciel le gardien suprême de leurs intérêts ici-bas, en nommant un saint ou un archange comme chef inspirateur de tous les pouvoirs. Mais, quels qu'aient été ces tentatives, de quelque côté que ce peuple se soit retourné sur son lit de douleur sociale, il n'aurait jamais abandonné son organisation féodale.

S'il faut en croire les traditionnistes, c'est au Bas-Empire que l'Éthiopie devrait le principe de sa décadence. Les codes byzantins l'emportèrent sur le droit indigène et altérèrent ses parties essentielles. La famille fut démantelée; la stabilité du mariage disparut, et le pouvoir de l'empereur tendit vers l'absolutisme. Durant les guerres civiles que leurs excès avaient déchaînées, les Atsés (1) avaient exproprié des provinces entières; plus tard, ils rendirent ces terres à leurs anciens propriétaires, mais à des conditions serviles. Ils affirmèrent que le territoire leur appartenait désormais et que leurs sujets n'en avaient que la jouissance.

Un jour, les habitants d'une commune éloignée vinrent à l'audience de l'empereur, pour se plaindre de quelques abus. Après les avoir écoutés jusqu'au bout, le successeur de Ménilek leur dit :

— Voyons, sur la terre de qui vous trouvez-vous debout en ce moment?

— Sur celle de Votre Majesté.

— Eh bien! trouvez d'abord dans l'empire une motte de terre d'où vous puissiez réclamer, sans être sur ma terre : j'examinerai après.

De la possession des terres à celle des hommes, il n'y avait qu'un pas. Les Atsés le franchirent, et ils s'habituèrent à considérer leurs sujets comme des esclaves. On raconte que l'un d'eux, rentrant dans son camp et voyant l'enceinte où étaient ses tentes imparfaitement fermée, manda celui auquel incombait cet office et le fit lier, avec quelques-uns de ses hommes, pour servir de palissade vivante.....

Ces stupides tyrannies provoquèrent rébellions sur rébellions. Les empereurs furent d'abord vainqueurs des factieux, puis, à leur tour, ils tremblèrent devant eux, pour devenir bientôt des jouets entre les mains des grands vassaux. L'Éthiopie fut alors le théâtre des horreurs qui accompagnèrent jadis l'agonie de l'empire romain, et elle vit, pendant quelques années, les gouverneurs de province s'entre-heurter autour du palais impérial, intronisant et détrônant leurs créatures.

Vers la fin du siècle dernier, un flot vainqueur porta sur le vieux trône l'Atsé Tekla Giorgis. Son règne fut de courte durée. On le renversa promptement, et aucun des grands feudataires ne songea plus à le remplacer. Ceux-ci se taillèrent des royaumes dans les lambeaux de l'empire, et ils abandonnèrent aux descendants de Ménilek, dépouillés de tout pouvoir et de toute autorité, les ruines d'un palais de Gondar, leur antique capitale.

En 1846, l'Éthiopie était divisée en trois royaumes, le Tigré, le Godjam et le Choa.

À la tête du Tigré, il y avait le cauteleux Oubié, à la politique ondoyante. Dans le Choa régnait le Ras Ali, dont les attaches musulmanes excitaient la défiance, et la reine Manan, sa mère, qui, pour obtenir le titre de Waizero, avait épousé un jeune homme descendant de la famille de Salomon. En Godjam enfin, Guoscho et son fils Burro se partageaient le pouvoir.

Toujours en lutte les uns contre les autres, ces rois rivaux tenaient leurs sujets en haleine de guerre. On ne voyait dans les campagnes que soldats cheminant, le cri de mort sur les lèvres. L'Éthiopie semblait un immense volcan.

II. JEUNESSE DE CASSA — SES PREMIÈRES ARMES — SA RÉBELLION

Cassa, le futur empereur d'Éthiopie, naquit en 1818, dans le village de Cherghié. Des historiographes complaisants ont voulu lui attribuer une naissance illustre, mais ils ont obéi, en agissant ainsi, au désir de flatter leur maître. Sa mère était une pauvresse, et son père de hasard s'honorait d'une parenté éloignée avec le Dedjach Conefo, gouverneur du Kouara, dans le Choa.

Cassa grandit dans l'obscurité. Lorsqu'il fut d'âge à tenir une lance, il embrassa la

---

(1) Mot d'importation éthiopienne, qui est le qualificatif des empereurs.

carrière militaire, et servit indistinctement sous divers chefs, jusqu'à ce qu'enfin il s'enrôla dans les armées de la reine Manan, mère du Ras Ali.

Pauvre soldat de fortune, sans parents, partant sans protecteur, Cassa n'en était pas moins dévoré d'ambition et prêt à profiter de toutes les circonstances pour se mettre en lumière. Grand, bien fait, adroit à tous les exercices, il ne tarda pas à exciter un sentiment plus tendre que celui de la simple charité à une des suivantes préférées de sa nouvelle maîtresse, qui parla discrètement du jeune homme à la reine : « Vous trouverez en lui un instrument docile à vos commandements, lui dit-elle, car vous n'aurez pas à craindre l'ambition de sa famille; il est presque isolé en ce monde. Sa mère vend des herbes sur les marchés, et il n'a point de père. »

La reine ne répondit pas, mais le conseil ne fut point perdu. Elle parla de lui, s'habitua à son nom, à son visage, et finit par se servir de Cassa pour transmettre ses ordres aux chefs. Le premier pas était franchi.

A cette époque, vivait à la cour une jeune fille dont la rumeur publique attribuait la paternité au Ras Ali. L'ambiguité de sa naissance mettait de la tiédeur parmi ceux qui, sans cela, se fussent empressés d'aspirer à sa main. Un peu du désir de s'attacher Cassa par de nouveaux bienfaits, et un peu de ce qu'on appelle le hasard, firent que la pensée vint à Manan de donner cette enfant en mariage à son favori. Elle aurait voulu obtenir du Ras Ali qu'il reconnût cette fille; mais elle échoua, car son fils, avec raison peut-être, s'obstinait à nier.

Cet obstacle n'arrêta pas la reine; elle prit un jour sur elle d'annoncer à Cassa que l'union projetée allait avoir lieu. Elle-même présida la fête; elle prévint tous ses gens, fit sortir ses cimbales, organisa un cortège, en un mot, se donna le plaisir tout féminin de jouer au jeu de la noce.

Cassa accepta tout : l'intérêt que lui portait la reine le mettait en lumière, accoutumait les hommes à son nom, attirait autour de lui des soldats qui pressentaient une fortune ascendante. Mais l'état de servitude, imposé en retour des bienfaits dont il était l'objet, pesait à sa nature ambitieuse.... Il aspirait à secouer son joug et à conquérir sa liberté.

De temps en temps, afin de tenir ses hommes en haleine, Cassa organisait de petites expéditions contre les Arabes de la frontière. Une fois, au retour d'une de ces campagnes, il voulut faire à Gondar une entrée triomphale. Manan fut enchantée d'entendre parler de son favori, mais, au lieu de lui envoyer quelques bœufs et de l'hydromel pour faire festiner ses soldats, elle se contenta de lui remettre un filet de l'animal qu'elle avait fait abattre le matin pour son usage. Ce morceau de viande fut sa ruine! Cassa l'accepta, en remerciant; mais dès qu'il fut seul sous sa tente, il donna libre cours à sa colère : « Oh! de moi! Cassa, s'écria-t-il, je ne vaux donc pas plus que cela! Je suis donc l'esclave d'une femme! Jusques à quand me faudra-t-il lécher des mains décharnées? Je n'ai que quelques plumes à mes ailes, mais elles me serviront à essayer mon premier vol. Quelque faible qu'il puisse être, il saura toujours me soustraire à la domination d'une femme. »

Le lendemain, il dissimula ses sentiments, fit sortir de la ville sa jeune épouse et passa quelques jours à faire sa cour habituelle. Un soir, il fit prévenir sa maîtresse qu'il allait boire le cosso (1). Les convenances exigent en Éthiopie que le subordonné donne cet avertissement à son chef, parce que le jour où l'on absorbe ce médicament, on est censé ne pouvoir fournir aucun effort. Le lendemain, le maître, ainsi avisé, a coutume d'envoyer une bête grasse à abattre, même un plat de sa cuisine, soi-disant pour restaurer les forces du patient. La reine commit la faute de n'envoyer qu'un simple lopin de viande dans un tout petit panier. « Va dire à ta maîtresse, dit Cassa à la messagère, que j'ai assez mangé

______

(1) Purgatif très énergique, d'un emploi fréquent dans le pays.

de pareille viande. Désormais, c'est sa propre substance qu'il me faut. »

Aussitôt, il donna le signal du départ et quitta Gondar. Une fois hors de la ville, il réunit ce qu'il put de soudards et, pour débuter dans sa révolte, il attaqua des feudataires de Manan. Il leur enleva des bœufs, des chevaux et des valeurs, puis s'éloigna rapidement, tandis que ses victimes allaient porter à leur maîtresse la terrible nouvelle qu'il venait de surgir un ennemi au milieu d'eux.

Tout d'abord, la reine Manan ne voulut pas croire à ce qu'elle appelait une noire ingratitude; mais lorsqu'elle vit que son protégé s'était joué d'elle, sa colère ne connut plus de bornes. Sans tarder, l'impétueuse princesse rassembla ses troupes, et leur chef, au moment du départ, débita en ces termes son thème de guerre :

Ah! notre dame, ne dérangez pas les fuseaux de vos suivantes. Bannissez de votre intérieur toute émotion. Qu'est-ce qu'un soudard qui a perdu le sens? Si c'était un homme au moins! Mais c'est le fils d'une misérable femme qui vend des herbes et du cosso les jours de marché, un nabot dont on ne connaît pas le père. Si, dans quelques jours, je ne vous le ramène pas à coups de fouet, je ne serai plus moi; que je meure si je permettais à ce drôle, que vous avez daigné nourrir, de troubler un instant la sérénité de votre maison. Ne suis-je pas votre serviteur?

La reine sourit et savoura par avance les joies de la vengeance. Mais, au moment où elle s'attendait à voir arriver son ancien protégé vaincu et chargé de fers, la nouvelle se répandit que la fortune des armes avait été favorable à ce dernier, que les troupes de Manan étaient en fuite et que leur chef était tombé aux mains du rebelle..... On ajoutait que Cassa, qui avait appris les fanfaronnades de ce dernier, aurait dit à son prisonnier : « Ma mère, tu le sais, vit du produit de la vente des herbes, je n'ai pas d'autre nourriture à t'offrir, régale-toi de cosso tant que ta maîtresse n'aura pas désarmé.. »

Ce succès du soldat de fortune fut accueilli avec une certaine satisfaction par les gens du pays. « Ce Cassa, que tout le monde narguait, va avoir son tour, disaient-ils. Jusqu'à présent, le fléau de la balance a penché au gré des puissants; le souffle de Dieu rétablit l'équilibre. Celui qui grandit sous le dédain d'autrui s'élève toujours trop vite au gré de ses ennemis. »

A l'annonce du désastre, la reine était devenue furieuse : « Oh! de moi! Manan, s'écriait-elle, parce que je n'ai pas un homme à mon service, les soudards oublient leur place! Je suis trop bonne pour eux, mais l'heure de la vengeance a sonné! »

L'alarme régnait dans Gondar; les préparatifs d'une nouvelle campagne occupaient tous les esprits. Pendant ce temps, Cassa profitait de sa victoire, faisait des recrues, se créait des intelligences. Jeune, ardent, il savait que l'apparence d'un échec suffirait à ruiner sa fortune naissante, aussi ne négligeait-il rien. Le soir ici, le matin à vingt lieues de là, il allait partout, inspirant la confiance. D'ailleurs, en même temps que celui de l'intrigue, il possédait le talent de remuer ses semblables; il donnait peu, promettait beaucoup et laissait croire qu'il ne saurait être trop généreux. Aussi était-il prêt à soutenir le choc, quand il apprit que son ancienne maîtresse marchait contre lui à la tête de son armée, grossie de contingents d'élite envoyés par le Ras Ali.

Sur ces entrefaites, la mère de Cassa fut faite prisonnière. Son fils jura d'étrangler ses prisonniers, — et il en avait d'importants, — si on la molestait le moins du monde :

La vieille femme que vous tenez, envoya-t-il dire à la reine Manan, la marchande d'herbes, vaut presque autant que vous : à elle seule, elle tient en balance toute l'existence de votre pays. Traitez-la bien, ou vous vous en repentirez; votre règne a trop duré; le jour des hommes est venu.

Manan ne se posséda plus de rage en écoutant cet arrogant message; elle n'osa s'en prendre à sa captive, mais elle hâta sa marche en avant, et bientôt les armées ennemies se trouvèrent en présence. La déroute de la reine fut complète, et, pour comble de disgrâce, elle tomba elle-même aux mains des rebelles. Elle fut blessée à la cuisse par un soldat brutal qui la jeta à bas de sa mule, et ce fut dans ce triste état que l'infortunée Manan parut en présence du vainqueur.

Cassa sut se montrer à la hauteur de l'événement; il usa de modération envers les vaincus. Le Ras Ali, qui, la veille, feignait d'ignorer son nom, crut devoir s'entremettre. La reine Manan se vit échangée contre la mère de Cassa, et celui-ci reçut la suzeraineté du gouvernement de son ancienne maîtresse. Désormais le rebelle ne s'appelait plus Cassa tout court; chacun le saluait du titre de Dedjachmatch ou prince.

III. LE DEDJACH CASSA — SES DÉMÈLÉS AVEC LES ROIS VOISINS — IL EST NOMMÉ EMPEREUR

La victoire, les honneurs, un riche gouvernement ne suffisaient pas pour satisfaire l'ambition démesurée de Cassa. Ses aspirations étaient encore mal définies, mais elles le portaient à s'élever toujours.

A peine à la tête de ses nouveaux États, il se tourne contre ses voisins. Les premiers qu'il attaque sont les habitants du Sennâar. Cassa veut chasser les Égyptiens de cette province. Mais les armées abyssines n'avaient pas l'habitude d'opérer en masses compactes, leurs batailles étaient des combats quasi individuels, auxquels la cohésion et l'ordre faisaient défaut. Aussi éprouvèrent-elles un échec terrible dans leur rencontre avec une armée disciplinée. Les soldats de Cassa ne purent supporter le choc; leur général, et avec lui tous ceux que la mort n'a pas couchés à terre, s'enfuirent pêle-mêle. En un instant, tout disparut comme un nuage; pas un des fuyards n'ose s'arrêter pour regarder en arrière.

De retour dans son pays, Cassa s'informe. Il veut comprendre les causes de la défaite qu'il vient de subir. Il envoie des messagers à son vainqueur, il lui dit son admiration, il lui fait des offres magnifiques s'il consent à venir former ses armées sur le modèle des troupes égyptiennes. Pour atteindre ce but, rien n'arrête ce nouveau Pierre le Grand: il réussit, et ses soldats apprirent le maniement des armes sous la direction d'un habile instructeur.

Désormais, Cassa doit l'emporter sur ses compétiteurs, les rois voisins. Mais, pour acquérir une supériorité absolue et constante, il faut aux nouvelles recrues un plus grand nombre d'armes à feu..... Tout moyen est bon, pense le Dedjachmatch, pourvu qu'il conduise à l'acquisition d'un nouveau fusil; c'est ainsi qu'il n'hésite pas à dévali-

LE RAS ALI

ser les voyageurs qu'il croise au cours de ses marches nombreuses à travers le pays.

Un jour, Cassa rencontra un missionnaire catholique, M. Montuori, qui revenait d'un voyage à Khartoum, où il avait arraché quelques Abyssins à l'esclavage des musulmans :

« Donnez-moi votre fusil, dit-il au Lazariste, et, en retour, je vous céderai quelques-uns des captifs que je traîne à ma suite.

— Voulez-vous donc, dit le missionnaire, que je laisse sans défense mes propres enfants, afin d'en prendre d'autres?

— Non, reprit Cassa, non, ce ne serait pas juste..... Eh bien! soyons amis, donnez-moi votre bénédiction et allez en paix! »

M. Rocher d'Héricourt, un voyageur français, ne fut pas aussi bien traité. Il avait pu parvenir jusqu'à Gondar que le fils de la marchande d'herbes occupait militairement, lorsqu'un coquin de valet vint le dénoncer.

Mon maître a des armes superbes; je n'en connais pas de plus belles.

C'était là plus qu'il n'en fallait; aussitôt se présente un envoyé de Cassa :

« Mon souverain vous envoie le bonjour, dit-il au Français, et vous ordonne de lui faire remettre sur l'heure tous vos fusils. »

Le voyageur refusa. L'enragé « fusilomane » fit charger de chaînes et jeter dans un noir cachot le tenace propriétaire. Trois jours durant, il le maintint en « carcere duro », sans pouvoir vaincre sa résistance. Puis Cassa revint à de meilleurs sentiments, il reconnut sa faute et lâcha son prisonnier.

Après sa victoire sur la reine Manan, Cassa avait conclu un traité avec son fils le Ras Ali, paix borgne qui devait être le prélude de nouvelles guerres. La fortune souriait toujours à l'aventurier, et il en coûtait toujours de nouvelles concessions à son ennemi, dont la puissance allait s'affaiblissant de jour en jour, jusqu'au moment où le royaume du Choa passa entre les mains de Cassa.

Oubié et Guoscho avaient assisté indifférents au démantellement de leur voisin, mais les succès croissants du jeune conquérant leur inspirèrent des craintes pour leur sécurité personnelle, et, tandis que l'un cherchait à l'enserrer dans les dédales d'une politique byzantine, l'autre se décidait à attaquer de front le nouveau venu.

Dedjach Guoscho déclara la guerre à Cassa et s'avança à la tête de ses armées. Il était temps pour lui de se débarrasser d'un rival, de réaliser enfin le projet échafaudé avec Arnauld d'Abbadie : la reconstitution et la conversion de l'empire éthiopien.

Dès le début, la campagne fut désastreuse pour Cassa; chaque rencontre était une défaite, et les soldats commencèrent à douter de l'étoile de leur chef. Enfin, le Dedjach Guoscho se décide à livrer une bataille qui va clore la guerre, les deux armées sont en présence, et les deux généraux prennent leurs mesures pour engager l'action.

La mêlée fut longue, acharnée, car, de part et d'autre, les fusiliers étaient nombreux.

Puis la victoire se dessina, et, après quelques heures d'un combat furieux, la plaine fut couverte de morts, de blessés, puis de fuyards : c'était tout ce qu'il restait de l'armée de Cassa. Lorsque Guoscho eut bien constaté son triomphe, lorsqu'il eut vu s'émietter les derniers bataillons ennemis, il arrêta son cheval : « Ils se battent bien, ces gens-là, dit-il; voilà une journée que Dieu a daigné bien terminer pour moi. Mais ces hommes sont vaincus, arrêtez les représailles; maintenant que la fièvre du combat est tombée, soyons justes et apprenons à pardonner. »

Puis il parcourut le champ de carnage, pour réprimer, selon son habitude, les excès de la soldatesque. C'est alors qu'il rencontra Cassa, qu'on avait fait prisonnier et qu'on allait massacrer. « Ne bougez pas, s'écria-t-il; cet homme s'est rendu : il doit avoir la vie sauve! »

Hélas! la générosité du vainqueur amena sa perte..... A peine se sent-il libre de ses mouvements que Cassa décharge son pistolet sur son sauveur, et le frappe d'une balle en plein front. Dedjach Guoscho tomba foudroyé..... Saisis de stupeur, ses suivants s'enfuirent, et le traître, se ruant sur le cadavre de sa victime, le lardait de coups, tandis qu'il rappelait autour de lui ses soldats en fuite.

Au coucher du soleil, il ne restait plus rien de l'armée de Guoscho..... Ainsi s'accomplissait l'étrange prédiction d'Arnauld d'Abbadie qui, sept ans auparavant, au moment où le nom de Cassa retentissait pour la première fois en Éthiopie, disait : « Vous verrez que si personne ne se met à la traverse, ce Cassa, dont on fait aujourd'hui si peu de cas, sera vainqueur de toute l'Abyssinie (1). »

A partir du 15 juin 1854, tout change de face en Éthiopie. Cassa n'a plus de concurrents sérieux à vaincre; il a conquis les deux tiers de l'ancien empire, et il lui reste seulement à étendre sa domination sur le Tigré, jusqu'aux abords de la mer Rouge. C'est en

____

(1) *Extraits du journal de Mr de Jacobis.*

vain qu'Oubié veut défendre sa couronne ; le conquérant est désormais invincible, et bientôt le malheureux prince tombe sous les coups de son ennemi.

Ce triomphe assurait d'une façon définitive la victoire complète de Cassa. Rien ne l'entravait plus, et, le 1er août 1855, la ville de Gondar assistait à la cérémonie du sacre de l'empereur. Cassa ceignait son front de l'antique couronne de Ménilek, et abandonnait son nom d'aventurier pour devenir Théodoros II, « grand négus, roi des rois d'Éthiopie, monarque chrétien, et, en ces titres et qualités, pilier de l'Église. » Ébauché jadis par le « fils de la marchande de légumes », le rêve insensé devenait une réalité!.....

Un Théodoros avait régné au xiie siècle, et Cassa choisissait ce nom entre tous, parce que, selon une tradition nationale, un roi ainsi appelé devait rétablir l'unité de l'empire.

IV. L'EMPEREUR THÉODOROS — SA POLITIQUE INTÉRIEURE — SES DÉMÊLÉS AVEC LES PUISSANCES EUROPÉENNES

Jusqu'alors, pendant près d'un siècle l'anarchie et la guerre civile avaient divisé entre elles les différentes provinces de l'Abyssinie. Habituées à être indépendantes les unes des autres, il était bien difficile de réunir sous une même loi ces tronçons d'un même pays. Dès son avènement au trône, Théodoros s'occupa de reconstituer l'unité de l'empire; et il prit au sérieux son rôle de réformateur. Le nouveau César avait une ambition démesurée, une énergie indomptable, une foi aveugle dans son étoile. Malheureusement, il crut que l'Abyssinie était assez riche pour fournir elle-même les éléments de sa renaissance. Il garda toujours dans sa pensée une secrète et invincible répugnance contre tout emprunt à la civilisation européenne.

En Éthiopie, la loi était bonne en elle-même. Il suffisait de la purifier des abus qu'y avait introduits une longue anarchie. Ce n'était pas à elle qu'il fallait s'en prendre, mais bien aux circonstances, si la noblesse était batailleuse et cupide, la justice vénale, le mariage avili par l'exemple contagieux de l'aristocratie, le droit d'asile et celui des caravanes parfois violés, le clergé entiché de prérogatives souvent imaginaires. Théodoros pensa qu'il suffirait de revenir à l'ancien code royal et de l'appliquer avec rigueur.

L'Abyssinie souffrait de l'insécurité des routes parcourues en tous sens par des bandes pillardes. Ce fut sur ce point que se porta tout d'abord la sollicitude de l'empereur. Il promulgua un édit par lequel il était enjoint à « chacun de retourner à la profession de ses pères, le marchand à sa boutique, le paysan à sa charrue ». Cette ordonnance, exécutée avec la plus grande sévérité, donna lieu à des incidents invraisemblables ailleurs qu'en Éthiopie.

Les gens de Fisbha, bandits incorrigibles, arrivèrent un jour au camp du négus, pour lui demander la confirmation de leur droit, reconnu par David le Grand, d'exercer la profession de leurs pères.

— Quelle est cette profession, demanda l'empereur.

— Voleurs de grands chemins, répondirent-ils insolemment.

— Écoutez bien, reprit Théodoros en contenant sa colère, votre profession est périlleuse et l'agriculture vaut mieux. Descendez de vos montagnes dans la plaine, je vous donnerai des charrues et des bœufs.

Rien n'y fit, le négus finit par acquiescer et reconnut le droit que leur avait octroyé son prédécesseur.

Comme les brigands s'en retournaient, fiers d'avoir, à ce qu'ils croyaient, intimidé le souverain, ils furent rejoints par un escadron de cavalerie dont le chef leur prouva clairement que si David le Grand les avait autorisés à vivre des grandes routes, le saint roi Lalibela, son successeur, avait créé une gendarmerie dont l'office était de sabrer les voleurs.

Lorsque les routes furent devenues praticables aux gens même les plus pacifiques, l'empereur déclara que le commerce serait libre dans l'intérieur du pays. Jadis, chaque gouverneur de district prélevait un droit arbitraire sur toutes les marchandises qui traversaient la province. Un nouvel édit abolit cet usage; les droits de douane ne furent plus perçus qu'à trois postes bien déterminés et selon des tarifs uniformes.

Dès lors, les caravanes purent sans crainte sillonner le pays, les lieux de marchés ne furent plus envahis par la soldatesque brutale, et le paysan fut libre de se livrer à la culture d'un sol prodigieusement fertile. Tous étaient à l'abri des vexations, conséquences des luttes intestines de seigneurs rivaux qui se disputaient la suprématie les armes à la main.

La justice était représentée à Gondar, la capitale de l'empire, par une sorte de cour suprême dont les jugements sans appel étaient parfois le prix de compromissions honteuses. Théodoros suspendit ce tribunal unique et le remplaça par une sorte de justice de paix établie dans les campagnes. Il fit revivre l'ancien Code pénal, auquel il apporta des changements dictés par les circonstances. Chaque délit fut ainsi prévu; l'antique usage de la peine du talion et celui de la composition pécuniaire furent abolis. Théodoros se constitua juge lui-même. Dès deux heures du matin, au cri des plaideurs : *Djan Ho, Djanhoi!* (Majesté, oh! Majesté!) il se levait pour rendre la justice, parfois expéditive, mais toujours impartiale.

Un jour, se trouvant à Gondar, l'empereur vit venir vers lui une troupe d'environ 200 musulmans. L'un d'eux prit la parole pour dire que leur quartier était mis à sac par les soldats, et qu'ils venaient se réfugier auprès de lui. Il appuya sa supplique d'un cadeau, ajoutant que l'imprévu de leur démarche et le désordre dans lequel ils se trouvaient devaient faire excuser la modicité de leur offrande : « Que Dieu vous le rende, » répondit Théodoros, en refusant le présent.

Il monta précipitamment à cheval, et se rendit sur le lieu du tumulte. A sa vue, les soudards s'enfuirent en tumulte. L'un d'eux fixa sa poursuite, et il fondit sur lui. Le malheureux, pour alléger sa course, abandonna son butin et jusqu'à ses armes; rien n'y fit, le javelot de l'empereur l'atteignit, et il tomba percé d'outre en outre.

Comme on s'étonnait de cet acte qui pouvait paraître de la condescendance vis-à-vis des musulmans : « Vous savez la haine que je nourris contre les sectateurs de Mahomet, et si aujourd'hui j'ai pris leur défense, c'est qu'ils sont mes sujets et que, comme tels, leur sort ne doit pas dépendre du caprice des soldats. »

Un jour, au cours d'une campagne contre un vassal rebelle, Théodoros, cheminant au milieu des soldats de sa garde, vit une vieille femme qui voulait accéder jusqu'à lui et que ses hommes rebutaient.

— Arrière, s'écria-t-il; laissez cette femme, je veux savoir ce qu'elle demande.

— Seigneur, lui dit-elle, je viens implorer justice. Hier, vos troupes ont passé la nuit disséminées dans nos villages; rien ne manquait à leur subsistance, et pourtant, un de vos soldats a pénétré violemment dans ma cabane; il m'a saisie par les cheveux, m'a battue, et, finalement, a avalé le peu de lait que je possédais et que je devais à la charité publique. Vous avez défendu le pillage; vos ordres ont été enfreints; je vous demande réparation.

— Reconnaîtrais-tu le brutal qui t'a ainsi mal traitée et volée, demanda l'empereur.

— Oui, lui fut-il répondu, c'est celui-ci. En me débattant, j'ai laissé sur son cou la trace de mes ongles : elle est visible.

Aussitôt, Théodoros suspendit sa marche, et fit comparaître le coupable. Celui-ci niait effrontément.

— Cette femme ment; elle ne peut faire la preuve de ce qu'elle avance.

Devant ces deux affirmations contradictoires, l'empereur ne savait à quel parti s'arrêter.

— Qu'on ouvre le ventre de cet homme, s'écriat-il soudain, en s'adressant au bourreau, nous y retrouverons la preuve de son larcin, s'il est coupable; et, comme le soldat terrifié avouait sa faute :

— Qu'on lui tranche la tête pour avoir volé et pour avoir menti!

La polygamie était devenue de mode dans le pays. A côté de la femme légale, matrone respectée, mais délaissée, tourbillonnaient un essaim de servantes. Théodoros comprit que, pour extirper le mal et rétablir la stabilité de la famille, il fallait que l'exemple de la fidélité conjugale vînt de haut. Aussi ne conserva-t-il à son foyer qu'une seule femme, celle-là même que lui avait donnée en mariage l'infortunée reine Manan. Bientôt, il fut admis qu'un homme de bon rang ne

pouvait être polygame, et la réforme
s'étendit de proche en proche dans les campagnes et dans les camps.

La constitution religieuse de Teckla Hai-

manot, qui datait du xiiᵉ siècle, avait
donné au clergé la nue propriété des deux
tiers du sol national. Depuis cette époque,
cette fortune s'était encore accrue par des

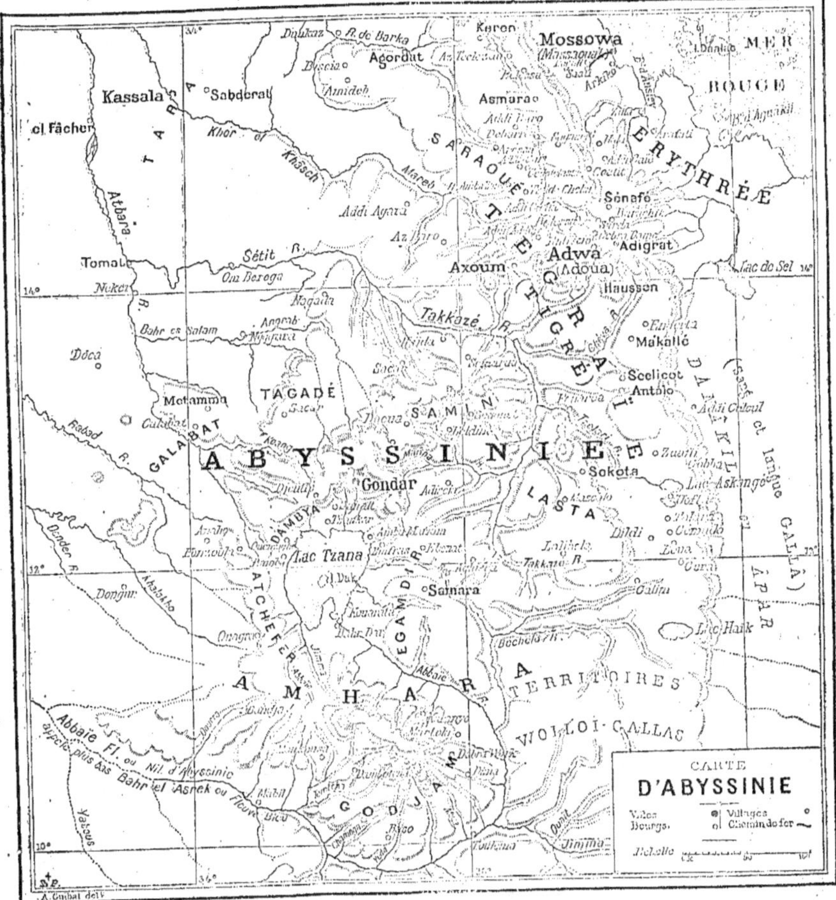

CARTE POLITIQUE D'ABYSSINIE

donations faites par les empereurs et par
de pieux seigneurs. Assuré de sa subsistance,
le clergé indigène passait son temps dans
l'oisiveté ou le perdait en de vaines querelles
théologiques. Théodoros résolut de le rap-
peler à ses devoirs et, pour cela, il s'attaqua

à ses biens. Un jour, afin de tâter l'opinion
publique sans doute, il profita d'une fête
militaire pour déclarer que la mainmorte
était un véritable péril civil. Se sentant
soutenu et encouragé, il passa de la parole
aux actes et promulgua un édit par lequel

tous les biens du clergé faisaient retour au domaine impérial. Désormais, les desservants des paroisses eurent seuls droit à une indemnité annuelle, qui fut attachée à la fonction et non plus à la personne.

Toutes ces réformes s'accomplirent dans les premières années du règne de Théodoros (1855-1859).

V. THÉODOROS SE FAIT PERSÉCUTEUR GUERRE AVEC L'ANGLETERRE

Tant que l'Empereur s'occupa pacifiquement de la reconstitution politique de l'Éthiopie, il mérita le nom de grand. Malheureusement, il ne sut pas se contenter de ce titre de gloire. Grisé par ses triomphes, il s'abandonna sans frein à son insatiable ambition; trompé par la flatterie qui surgissait autour de lui, il se laissa guider par de vils courtisans; au lieu de réprimer les révoltes avec fermeté et mesure, il s'en servit comme d'un prétexte pour assouvir ses haines.

Depuis quelques années, la religion catholique prêchée dans le pays avait été favorablement accueillie par les indigènes. Frappés du contraste que présentaient les missionnaires lazaristes et les prêtres abyssins, les rois avaient donné leur confiance aux premiers, et l'on pouvait augurer du jour où la vraie foi allait devenir la religion d'État. De tels événements jetèrent l'alarme dans le cœur du patriarche cophte, qui se sentait à la veille de perdre son autorité et son influence. Par d'habiles manœuvres, il circonvint l'esprit de Théodoros, lui persuada que le succès de ses armes était en partie dû au concours que lui avait apporté le clergé schismatique, et il réclama en récompense la proscription contre les catholiques.

L'impérial parvenu, nous l'avons dit, était hostile à l'ingérence européenne. Il ne vit dans les missionnaires que les représentants d'une race étrangère. Il céda aux demandes de l'abouna (évêque) Salama, déchaîna la persécution et arrosa le sol de l'Éthiopie du sang des martyrs.

Mais la mésintelligence ne tarda pas à se mettre dans le camp des hérétiques. Le patriarche cophte du Caire, l'abouna Doua, mandé par son suffragant l'abouna Salama, était venu en Éthiopie assister à la déroute du catholicisme. Un jour, ces deux dignes prélats osèrent adresser des reproches à l'empereur sur un sujet futile. Théodoros, impatienté, ordonna de saisir les « deux Turcs », comme il les appelait.

Il les fit enfermer dans un enclos rempli d'épines et de bois sec, auquel on aurait mis le feu immédiatement, pour brûler les prisonniers à l'instar de bêtes malfaisantes, si ceux-ci n'eussent honteusement renoncé au projet de faire la morale à leur prince. Le martyre, qui forme le plus beau fleuron de la couronne des catholiques, n'a jamais été la vocation des hérétiques. L'empereur se contenta d'effrayer les misérables évêques; il les relâcha. L'abouna Doua demanda au prince la permission de retourner en Égypte : « Nos histoires ne rapportent pas qu'un patriarche d'Alexandrie soit venu nous visiter, répondit l'empereur. Je ne veux pas priver la patrie de l'honneur qu'elle a reçu pour la première fois. »

Et, avec ce compliment, Théodoros promena ses deux victimes à la suite de ses armées, sans souci des fatigues qu'il leur fallait subir.

Sur ces entrefaites, le neveu du prince Oubié, roi dépossédé du Tigré, voulut lever l'étendard de la révolte et reconquérir les anciens territoires de sa famille. L'empereur marcha contre lui, et longtemps la fortune des armes demeura incertaine entre Négoussié et Théodoros.

Pour contrebalancer l'influence de son rival, le prince Négoussié résolut de chercher des secours en Europe. Il entra en pourparlers avec M. Chauvin-Belliard, agent consulaire de France à Massouah, et projeta avec lui l'envoi d'une ambassade à l'empereur des Français. La mission éthiopienne fut bien reçue à Paris, mais la politique ondoyante de Napoléon III ne lui permit pas de répondre à la requête qui lui était présentée; le gouvernement français reconnut Théodoros II roi de l'Abyssinie centrale, Négoussié roi du Tigré, et il entra en pourparlers avec ce dernier pour l'acquisition du Desset, sur les bords de la mer Rouge.

Cette platonique intervention ne mit pas un terme à la guerre civile en Éthiopie. Les hostilités, un instant ralenties, reprirent avec une croissante énergie, et ce fut au milieu d'alternatives de succès et de revers entre les deux rivaux que débarqua à Massouah M. de Russel, officier distingué de la marine française, qui venait se mettre en rapports avec Négoussié. Sa mission produisit tout d'abord une vive sensation; le bruit courait qu'une armée avait pris terre à Massouah, et l'on se répétait une vieille tradition populaire qui assurait que « les Français devaient venir conquérir l'Éthiopie, et que les nouveaux maîtres débarqueraient sur les bords de la mer Rouge ». Aussi, grand fut le désappointement général, quand l'envoyé français arriva à Halaï, escorté seulement de six marins. Les Théodoristes reprirent courage, s'organisèrent, et vinrent cerner Halaï (1). Il y eut alors des scènes tumultueuses. Les Tigréens crièrent à la trahison; le drapeau français fut foulé aux pieds et c'est à grand'peine que M. de Russel et ses hommes purent regagner Massouah. A cette nouvelle, Négoussié, perdant tout espoir, fit une retraite désespérée qui démoralisa ses troupes plus qu'une bataille perdue. Poursuivi par son ennemi, se sentant trop faible pour lui tenir tête, il se retira sur les hautes montagnes du Sémien, où il pouvait se tenir en sûreté, protégé par des accidents du terrain.

Le négus hésita à poursuivre son adversaire; il rentra sombre et menaçant à Gondar, roulant dans son esprit d'horribles projets de vengeance. L'assassinat d'un jeune Anglais, Plowden, qui s'était attaché à sa fortune, servit de prétexte à l'empereur pour faire éclater sa colère. Il se jeta sur les meurtriers,

les cerna et donna libre cours à sa fureur en ordonnant une boucherie épouvantable. Les prisonniers, au nombre de 1 700, furent mis en pièces et leurs cadavres laissés sans sépulture. L'indignation fut générale en Éthiopie, à l'annonce d'un tel forfait; le clergé éleva la voix; pour toute réponse, Théodoros s'écria : « J'ai fait un pacte avec Dieu. Il a promis de ne pas descendre sur la terre pour me frapper, et j'ai promis de ne pas monter au ciel pour le combattre. »

Comme Négoussié n'avait pas encore désarmé dans le Tigré, le négus résolut d'en finir avec son rival. En janvier 1861, il se mit en campagne, et, après une marche des plus rapides, pénétra dans les provinces voisines de la mer Rouge. La nuit qui précéda la bataille décisive, l'armée tigréenne entendit la voix d'un héraut, invisible dans les ténèbres, faire la proclamation suivante :

Voici ce que dit le roi des rois, écoutez tous : « Je pardonne à tous ceux qui quitteront cette nuit le camp de Négoussié et je leur assigne trois lieux d'asile inviolables, savoir : l'église d'Axum, celle d'Adoua et mon propre camp. Quant à ceux que demain je trouverai sous les armes, qu'ils ne s'attendent point à merci! »

Au matin, le malheureux Négoussié n'avait plus d'armée. Suivi par quelques fidèles, il se rua cependant sur l'ennemi, traversa ses rangs et chercha à battre en retraite. Poursuivi avec vigueur, voyant ses soldats décimés à chaque rencontre, il allait échapper, lorsque des paysans ameutés contre lui le firent prisonnier et l'amenèrent au camp de Théodoros II, avec son frère Tessema.

Tout d'abord le vainqueur usa de clémence vis-à-vis de ses captifs; puis il s'opéra un revirement, et le négus donna l'ordre de mutiler les deux frères. Ils eurent le pied gauche et la main droite coupés et on les abandonna sur le lieu du supplice, sans leur octroyer un verre d'eau pour étancher la soif qui suit toujours cette affreuse opération.

Tessema mourut sur-le-champ; Négoussié résista plus longtemps : il aurait survécu s'il avait été permis de lui donner les soins

---

(1) Halaï était le centre de la mission catholique. Expulsé du reste de l'empire, Mgr de Jacobis, malgré les menaces de Théodoros, avait été accueilli dans le Tigré à l'avènement de Négoussié.

qu'on refuse rarement aux suppliciés. Le troisième jour, à bout de force, il réclama un coup de lance qui mit terme à ses intolérables souffrances.

Ainsi finit le dernier de ceux qui mirent en danger l'édifice politique élevé par Théodoros II. Sa mort a été imputée à la négligence de la France; il est malaisé de peser les responsabilités, mais il est probable que cette issue prématurée n'aurait pas eu lieu, si les négociations de M. de Russel avaient été appuyées avec plus d'énergie.

Au printemps de l'année 1861, Théodoros II était arrivé à l'apogée de sa puissance. Point de difficultés extérieures, elles n'avaient pas encore éclaté; — plus de résistances intérieures, elles étaient noyées dans le sang de ceux qui les avaient fomentées. Porté par un courant d'opinion irrésistible, salué comme le représentant de l'ordre et de l'unité de l'empire, le négus se trouvait dans la situation la plus favorable pour jouer en Éthiopie le rôle que Pierre le Grand avait accompli en Russie, pour faire accepter par ses sujets, demeurés jusqu'alors étrangers à toute influence civilisatrice, quelques emprunts faits à l'Europe avec prudence et modération.

Malheureusement, il manqua à l'impérial parvenu un conseiller intelligent, dévoué, assez courageux pour oser dire la vérité, assez aimé pour la faire accepter. Livré à sa propre initiative, Théodoros suivit la pente naturelle de son esprit : une horreur profonde pour toute ingérence étrangère. Sa politique s'appuya sur cette utopie que la renaissance de l'empire abyssin exigeait seulement le retour aux anciennes frontières. Aussi, pendant les dernières années de son règne, sans songer à faire d'utiles réformes intérieures, nous voyons cet homme extraordinaire, qui avait su, par lui-même, s'élever du dernier au premier rang, tourner son activité dévorante et inquiète contre l'Égypte ou contre les peuplades gallas, contre un gouvernement bien organisé ou contre des tribus éparses, mais belliqueuses et tenaces.

Ce fut les Gallas que le négus attaqua tout d'abord. Sorti, depuis trois siècles environ, des vastes et mystérieuses plaines du grand désert africain, le peuple des Gallas avait envahi, comme une marée montante, l'empire en décadence et réduit de 42 à 14 le chiffre des royaumes dont s'enorgueillissaient les descendants de Ménilek. En fondant des États nouveaux sur les ruines de ceux qu'ils détruisaient, ils avaient pénétré comme un coin dans les entrailles mêmes de l'Éthiopie.

Cette avant-garde des tribus gallas subit la première le choc des soldats de Théodoros. La campagne s'ouvrit à l'automne de l'année 1861. Elle fut des plus malheureuses, et l'empereur vit son énorme armée, décimée par la faim, par la fatigue et par les attaques incessantes d'ennemis invisibles, couvrir les routes de fuyards ou de blessés. Ceux-ci ne durent leur salut qu'à la générosité des vainqueurs, qui recueillirent, soignèrent et nourrirent leurs envahisseurs. Le négus ne se montra pas reconnaissant vis-à-vis des « barbares ». Instruit par l'expérience, il reforma ses troupes, usa les infortunés Gallas par une guerre d'implacable extermination, et rentra à Gondar en 1862, traînant à sa suite plus de 8 000 prisonniers, auxquels, dans un accès de mauvaise humeur, il fit couper la main et le pied.

Il laissait derrière lui un pays pacifié, c'est-à-dire transformé en un vaste désert sillonné seulement par quelques bandes, derniers restes d'un grand peuple, couvert de ruines et de sang. Les femmes et les enfants furent distribués en récompense aux soldats, qui les vendirent sur les marchés égyptiens. Ce qui resta d'hommes valides fut employé à la construction de routes stratégiques, seul bienfait réel que le négus laissa après lui.

Cette question des routes l'avait toujours préoccupé. On raconte qu'après son accession au trône, il avait voulu doter son vaste empire d'un réseau de voies. A titre d'essai, il fit exécuter un tronçon dans le voisinage de son camp de Debra-Tabar. Un jour que les soldats chargés de ce travail murmuraient d'être employés à de telles besognes, l'empereur, qui était présent, descendit de cheval, rejeta la toge brodée dont il était revêtu, et se mêla aux groupes. Il ramassa une lourde pierre qui encombrait le chemin et la porta sur le côté : « Maintenant, s'écria-t-il, que celui qui est trop noble pour faire comme moi vienne me le dire. »

Cependant, la leçon ne fut pas goûtée et force fut à Théodoros de renoncer à son projet. Il ne le perdit pourtant jamais de vue, et, comme nous l'avons dit, il y revint plus tard en employant ses prisonniers de guerre pour le réaliser.

Les causes de rupture avec l'Égypte étaient nombreuses. Le négus les multiplia encore par ses provocations écrites ou verbales, par ses incursions incessantes sur divers points de la frontière. Mais le gouvernement du Caire répugnait à la guerre; il laissa donc faire, tout en paraissant protester, sans songer à profiter des petites révoltes que la tyrannie naissante du roi des rois commençait à exciter. De son côté, le négus n'osait prendre l'offensive; il se déclara satisfait et arrêta là ses démonstrations belliqueuses.

Du reste, de nouvelles sources de préoccupations surgissaient dans l'intérieur de son empire. Le Godjam s'était soulevé : il fallait réprimer cette révolte, c'est-à-dire la noyer dans le sang. Puis, quand il eut fini là, il lui fallait aller ailleurs : toujours en mouvement, l'empereur n'avait pas le temps de déposer son bouclier de guerre :

Dieu, qui m'a tiré de la poussière, dit-il un jour, n'a pas fait ce miracle sans motif. J'ai une mission à remplir, quelle est-elle? J'ai cru d'abord qu'il fallait relever mon peuple par la prospérité et par la paix. Malgré tout le bien que j'ai tenté de faire, je vois la rébellion gronder autour de moi. Je me suis donc trompé. Mes sujets ont la tête dure : ils ont besoin d'être châtiés avant de pouvoir jouir des bienfaits de la Providence. Je vois à présent quel doit être mon rôle; je serai le fléau, le jugement de Dieu sur l'Éthiopie.

Comme nouveau programme de son règne, le négus fit graver sur ses obusiers cette devise :

« *Théodoros II, le châtiment des pervers.* »

Il fut fidèle à cette devise. Les plus belles provinces de l'empire furent livrées au pillage; pendant les derniers mois de l'année 1863, 14 districts furent sans cesse sillonnés de soldats, qui mettaient tout à feu et à sang.

Une conséquence de cette situation violente fut un arrêt impérial qui proscrivit l'islamisme sur toute l'étendue du pays. Cette mesure n'avait rien qui dût étonner, mais ses effets furent déplorables. Depuis de longues années, le commerce avait passé entre les mains des musulmans. Ces derniers, sans souci des troubles intérieurs qui bouleversaient à tout moment la constitution politique de l'Éthiopie, payaient l'impôt aux suzerains qui se succédaient et ne songeaient qu'au développement de leur trafic. Les premières années du règne de Théodoros et les sages mesures qui les marquèrent avaient ouvert une ère de prospérité inouïe pour les marchands, partant pour tout le pays. L'édit qui frappait les musulmans eut donc un contre-coup général. Les marchés devinrent déserts, les caravanes cessèrent de circuler, un état de gêne, puis de misère, pesa sur toute l'Éthiopie. Mais cela ne devait pas préoccuper l'empereur : n'était-il pas désintéressé du bien-être de son peuple!

Ce que nous venons de voir jusqu'ici suffirait pour faire revivre la physionomie de Théodoros II. Il serait presque inutile de s'attarder à faire son portrait moral et physique, et cependant nous en tracerons les grandes lignes afin d'en synthétiser les traits épars.

L'homme qui rétablit l'empire éthiopien était de stature au-dessus de la moyenne. Son port était imposant, sa figure respirait l'intelligence, son abord excitait la sympathie. Ses traits expressifs et mobiles n'étaient pas empreints de cette affectation qui marque certaines physionomies orientales d'un cachet d'insignifiance solennelle. Son regard vif et perçant, les lignes arrêtées de son profil étaient des indices de cette volonté, qui sut plier au joug le peuple le plus libre et le moins docile de l'Orient..... Rigoureux vis-à-vis des autres sur les questions d'étiquette, le négus s'en affranchissait lui-même. Ses vêtements étaient ceux des simples soldats, et quand il se mouvait au milieu de sa cour toute chamarrée d'or, il faisait tache pour ainsi dire et fixait ainsi davantage les regards.

Au moral, ce qui frappait de prime abord chez Théodoros, c'était une heureuse combinaison de souplesse et de force. Né orgueilleux, violent, porté aux plaisirs, il sut dominer ses passions, et jamais celles-ci ne lui firent dépasser les bornes qu'il s'était prescrites. Enclin à l'ivrognerie, il ne donna jamais le spectacle de l'ébriété.

Son mariage lui avait été en quelque sorte commandé par les circonstances; il s'imposa vis-à-vis de sa première femme une fidélité jusqu'alors inconnue chez les Éthiopiens de marque.

C'est à son second mariage, dicté par l'ambition, qu'il faut attribuer la cause réelle des désordres qu'il afficha plus tard. Il avait épousé une fille d'Oubié, afin d'en finir par une sorte de fusion avec les prétentions de la famille des anciens princes du Tigré. Celle-ci, fort instruite pourtant, ne sut pas s'élever à la hauteur de sa nouvelle situation, ni surtout prendre sur l'esprit de son mari l'empire qu'avait exercé la première épouse du négus. Un jour, l'impératrice osa entrer en lutte ouverte sur un point avec l'empereur. Ce dernier, pour se venger, la remplaça sur-le-champ par quatre favorites choisies parmi les femmes les plus humbles, et, dès lors, donna l'exemple de l'infidélité.

Nul plus que Théodoros ne sut produire de l'effet. Il avait la voix, le geste, la pose qui conviennent à la royauté. Il présidait une assemblée d'une façon remarquable, et son éloquence, vive et colorée, entraînait tous les suffrages.

Mélange extraordinaire des qualités et des défauts les plus opposés, il possédait le don de rallier les hommes autour de lui, mais il ignora complètement les moyens de se les attacher.

Dans les premières années de son règne, Théodoros, tout en conservant ses préventions contre eux, accueillait toujours de bonne grâce les Européens qui venaient jusqu'à lui. Officiellement, il les nommait ses « enfants »; seulement il substituait à cette épithète celle de « cafards », quand il s'entretenait d'eux avec ses ministres. A part le comte de Russel, aucun n'eut à se plaindre de mauvais traitements ou même de manques d'égards apparents. Les choses en étaient là, lorsqu'un événement, insignifiant en lui-même, vint compliquer la situation et rompre la bonne intelligence qui régnait.

Vers la fin de 1864, Théodoros avait chargé un Français qui retournait dans son pays de porter un message à l'empereur Napoléon III. La mission n'offrait aucun intérêt; l'ambassadeur d'un nouveau genre s'en chargea, mais quand il revint quelques mois après, la réponse qu'il rapportait était aussi vague que la requête qui l'avait motivée. Cependant, le ministre des Affaires étrangères, qui avait traité l'affaire, profita de l'occasion pour intervenir auprès de Théodoros, au nom des missionnaires catholiques dont la situation en Éthiopie était assez précaire.

Le négus prit mal la chose, il s'irrita de ce qu'il nommait une « ingérence dans ses affaires » et fit brutalement expulser l'agent consulaire français qui se trouvait à sa cour. Dès lors, les Européens se virent en butte à toutes les vexations. Un jour, le Révérend Stern, de la Société biblique de Londres, s'étant présenté à l'audience, reçut l'avis qu'il pouvait regagner la côte de la mer Rouge. Ce conseil était une injonction déguisée d'avoir à quitter le pays. Comme l'Anglais, qui n'avait pas compris, ne partait pas, il fut mandé par le négus qui lui dit : « Vous m'avez gravement offensé en n'exécutant pas mes ordres. Pour cette fois, vous bénéficierez de votre caractère d'étranger, mais ceux de mes sujets qui pouvaient et devaient vous éclairer seront châtiés. »

Sur l'ordre du négus, on appréhenda

les deux domestiques de confiance du missionnaire protestant et on les soumit à une bastonnade qui leur coûta la vie. Leur maître, témoin muet de ce supplice, se mordait les doigts de colère; ce geste fut remarqué et M. Stern fut à son tour couché à terre et frappé à coups de fouet. C'était la première fois qu'un Européen subissait une peine infamante.

Théodoros ne s'en tint pas là. Il fit opérer une perquisition chez les étrangers établis à Gondar. On trouva dans leurs papiers des lettres qu'ils écrivaient à leurs compatriotes et dont les termes portèrent ombrage à l'irascible empereur. Pour les punir de leur crime, le négus fit saisir le consul anglais, M. Cameron, et le fit jeter en prison avec tous ses amis.

Parmi eux se trouva un jeune Irlandais que l'esprit d'aventure avait poussé en Éthiopie. Il apportait au négus un riche présent, espérant par là se concilier les bonnes grâces du souverain : c'était un tapis où était figurée une scène bien connue de la vie du spahi Gérard, le tueur de lions.

« Comme ces Anglais sont impertinents, fit Théodoros en contemplant le présent! En voilà un qui vient me prédire que les Turcs me tueront. Voyez la peinture qu'il m'offre! Apercevez-vous cet homme à « tarbouch », ce Turc, qui tire sur un lion (1)? Qui est le lion, sinon moi? En attendant que les Turcs me tuent, enchaînez cet homme. »

Le pauvre Irlandais ne comprenait rien à sa disgrâce.

« Admettons, dit alors le prince, que tu n'aies pas voulu m'insulter. Mais j'ai mis ton consul aux fers et tu ne peux pas m'aimer! Or, ceux qui ne m'aiment pas ne doivent pas marcher libres. »

Cependant, les mois se succédaient sans amener de changements dans la situation des prisonniers que Théodoros II s'obstinait à retenir dans les fers. A l'annonce des sévices dont était victime son représentant, le gouvernement anglais s'était ému et avait fait entendre des réclamations. L'empereur d'Éthiopie ne daigna pas répondre ou, s'il le fit, il se contenta de promesses vagues qui ne furent pas tenues. Il paraissait improbable que le négus, avec cette intelligence remarquable dont il était doué, songeât à provoquer une lutte où il n'avait rien à gagner. On s'attendait à apprendre qu'enfin il avait cédé, et les mois s'ajoutant aux mois, firent des années d'emprisonnement pour le malheureux consul et pour ses amis.

Enfin, au commencement de l'année 1867, le Cabinet de Londres résolut d'en finir avec une situation qui menaçait de s'éterniser. Il voulut traiter la chose pacifiquement et décida l'envoi d'une ambassade qui serait chargée de négocier la mise en liberté des prisonniers. Non content d'avoir abusé si longtemps de la patience de l'Angleterre, le Roi des Rois, que l'impunité semblait enhardir, reçut froidement la mission quand elle se présenta à son audience et.... donna l'ordre d'enchaîner les nouveaux venus.

C'en était trop, cette fois. Lorsque la nouvelle de cet attentat au droit des gens fut portée en Europe, beaucoup refusèrent d'y ajouter foi, tant elle était invraisemblable. Puis, quand le doute ne fut plus permis, le gouvernement londonien comprit qu'il était temps de défendre son honneur, de rétablir son prestige, fortement compromis en Orient par l'impunité laissée à des insulteurs. Le 3 octobre 1867, un Corps expéditionnaire, de 12 000 hommes environ, débarquait sur les côtes abyssines, sous les ordres de sir Robert Napier.

L'anarchie la plus complète régnait en Éthiopie. Les provinces, poussées à bout par le tyran qui présidait à leurs destinées, avaient résolu de secouer le joug et s'étaient révoltées. Dans le Tigré surtout, la situation politique assurait aux envahisseurs les chances les plus heureuses. Au lieu de se porter contre l'ennemi, les habitants accueillirent les Anglais comme des libérateurs : « Ton heu[reux] ils dire à Théo[doros] la bonté de Di[eu] la défaite, et ta seignement sol[e] terre. Jusqu'ici tes sujets; auj[ourd'hui] chis vont s'abr[iter]

La marche du

<hr>

(1) Le chasseur Gérard était revêtu de l'uniforme des spahis qui rappelle le costume des Turcs, et les empereurs d'Éthiopie portent le titre de « Lion de Juda » et aiment à être représentés sous les traits du roi du désert.

lièrement facilitée par ces dispositions. Il
n'y avait à lutter que contre les difficultés
matérielles de la route; les vivres ne man-
quaient pas, et il était inutile de se prémunir
contre des surprises que la configuration
du pays aurait rendues désastreuses, comme
elles le furent, depuis, pour les soldats
italiens. L'entrée des troupes européennes
à Adoua se fit sans coup férir; depuis leur
débarquement, les soldats anglais n'avaient

CROIX DE THÉODOROS II

pas eu l'occasion de tirer un coup de fusil.

Lorsque le négus apprit l'invasion de
son empire, il convoqua ses chefs et ses
troupes d'élite, resserra les liens de ses
prisonniers, et amassa le plus d'approvi-
sionnements possible dans son camp de
Magdala, sorte de plateau inaccessible,
situé sur une montagne, au centre de l'ancien royaume du Choa. Il ignorait que son
. . de refuge, inexpugnable pour des
indigènes . . pouvait résister aux
'o ' . . . expéditionnaire. Il se
. . . ouce confiance, comp-
. . . urs de l'hiver pour le
. . . ouveaux venus. Le 10 avril

1868, la nouvelle lui arriva d'un engage-
ment malheureux, le premier qui eût mis
en contact les Anglais et les Abyssins. Il
s'en émut médiocrement, tant était inébran-
lable sa foi en son étoile. Enfin, le jour vint
où Magdala se trouva investi. Du sommet
de sa citadelle improvisée, Théodoros sui-
vait, avec un réel intérêt, les évolutions,
nouvelles pour lui, de la petite armée.
Lorsque les parlementaires vinrent lui
enjoindre de faire sa soumission et de
délivrer les Européens, l'empereur se contenta de hocher la tête; il attendait toujours,
assuré du succès final.

Il ne restait plus qu'à user de la violence
pour réduire le négus à la soumission. Sir
Napier fit pointer son artillerie, et bientôt
les projectiles pleuvaient sur les remparts
ennemis, creusant de larges sillons parmi
les soldats éthiopiens. Alors seulement
Théodoros comprit l'inutilité de sa folle
résistance; son réveil à la réalité fut terrible.
Un instant, il résolut de forcer les lignes
des assiégeants et de prendre la fuite; il
fut rejeté dans Magdala, après avoir subi
des pertes effroyables. Puis il parla d'user
de représailles envers ses prisonniers anglais
et de les massacrer tous; heureusement il
renonça à ce sinistre projet et se rangea à
l'avis de ses conseillers, qui voulaient se
servir des captifs pour négocier la paix.
Mais les conditions que sir Napier lui fit
offrir le révoltèrent; il ne pouvait se résoudre
à s'en remettre à la générosité de vainqueurs
qu'il sentait implacables.

Alors le négus tomba dans un décourage-
ment profond; il se sentit irrémédiablement
perdu et, plutôt que d'aliéner sa liberté, il
préféra la mort. Le 25 avril 1868, le Roi des
Rois se tuait lâchement d'un coup de pistolet.

Telle fut la fin de Théodoros II, de ce
Napoléon de l'Éthiopie, de cet homme
extraordinaire dont les destinées avaient
été plus extraordinaires encore. Il n'était
âgé que de cinquante ans...

Ouroustoya.   G. D'ARNÉLY.